LES SAISONS DE LA VIE

DR. D. K. OLUKOYA

SERIE DE PRIERE DU COMBAT SPIRITUEL

DR. D.K. OLUKOYA

Les Saisons
De La Vie

LES SAISONS DE LA VIE
2008 DR. D. K. OLUKOYA
ISBN 978-0692457771

© 2008 Les Ministères de la Montagne de Feu
et des Miracles

P.O. Box 2990 Sabo yaba Lagos.

Tel: 00234 8023436873, 8057846779

email: rosecentral@yahoo.com

Imprimée Avril 2007
DR. D.K. OLUKOYA

Toutes les références Bibliques sont tirées de la version Louis Segond de la Bible.

Illustration de la couverture :
Sœur Shade Olukoya

TABLE DE MATIERES

iii

CHAPITRE UN

LES SAISONS DE LA VIE

Il y a une prière que j'aimerais que vous priiez avant de commencer à lire ce livre. Je ne veux pas que vous échouiez au seuil d'une grande percée. Plusieurs personnes ont bâti des murs les empêchant de posséder leurs percées. Elles ont même mis tout en œuvre pour les empêcher de s'effondrer par la prière.

PRIERES DE PERCEES

L'artillerie de la prière a beaucoup endommagé de tels murs. Avec peu d'effort, beaucoup de gens s'envoleraient comme des aigles. Un peu plus d'effort et la solution viendra. C'est un désastre de perdre espoir et de basculer dans le désespoir quand le mur est presque tombé.

Le point de prière est pour vous, si vous possédez une mentalité de vainqueur comme David l'a démontré lorsqu'il a affronté Goliath. Il a dit à Goliath, "Aujourd'hui je t'abattrai". Goliath a dit "suis-je un chien ?". Il est éventuellement devenu le chien dont il parlait. Ces points de prières renverseront tout pouvoir qui a juré que vous ne pénétrerez pas dans votre percée.

POINTS DE PRIERE :

1. Tout arbre qui grandit dans mon environnement et qui est assigné à tuer ma destinée, ton heure est arrivée ! Meurs, au nom de Jésus.

2. Oh ! Dieu de la circoncision, lève-toi et élimine la rétrogradation de ma vie, au nom de jésus.

3. Que tout problème attaché à la maison de mon père, s'assèche, au nom de jésus.

Le manque de compréhension du message que nous examinons dans ce Chapitre a engendré un désastre et une tragédie dans la vie de beaucoup de gens.

Eccl. 3 : 1-8 : Il y a un temps pour tout, un temps pour toute chose sous les cieux : un temps pour naître, et un temps pour mourir ; un temps pour planter, un temps pour arracher ce qui a été planté ; un temps pour tuer, et un temps pour guérir ; un temps pour abattre et un temps pour bâtir ; un temps pour pleurer, et un temps pour rire ; un temps pour se lamenter, et un temps pour danser ; un temps pour lancer des pierres et un temps pour ramasser des pierres ; un temps pour embrasser et un temps pour s'éloigner des embrassements ; un temps pour chercher, et un temps pour perdre ; un temps pour garder, et un temps pour jeter ; un temps pour déchirer, et un temps pour coudre ; un temps pour se taire, et un temps pour parler ; un temps pour aimer, et un temps pour haïr ; un temps pour la guerre, et un temps pour la paix.

LES DIFFÉRENTES SAISONS

Il y a différentes saisons dans l'année. Dans les pays tropicaux comme le Nigeria, il y a une saison pluvieuse et une saison sèche. Dans d'autres pays il y a quatre saisons. Tout comme il y a différentes saisons dans une année de même il y a aussi différentes saisons dans la vie de tout un chacun. C'est pourquoi il n'est pas bon de vous comparer à quelqu'un d'autre.

Nos ancêtres en Afrique l'ont confirmé, quand ils avaient l'habitude de dire : "les doigts de la main ne sont pas égaux".

Les gens ont des programmes spécialement élaborés pour leur vie. Il y a un temps et une saison pour chacun sous les cieux. Le temps et le choix de la naissance d'un homme sont complètement hors du contrôle de l'homme.

Il y a un temps pour mourir. C'est une saison que personne ne peut changer. La mort est obligatoire. Tout le monde peut dire ce qu'il veut au sujet de la mort, mais elle est inévitable. Le riche et le pauvre mourront. Les rois et les serviteurs mourront. Le patron et le serviteur mourront aussi. Les gens généreux, beaux, jolis et relativement laids mourront éventuellement.

SEMER ET MOISSONNER

Il y a un temps pour planter, et un temps pour arracher ce qui a été planté. Tout fermier sait que le temps pour planter est différent de celui de la moisson. Chaque jour de notre vie nous semons des choses. Ce que nous semons dans les ténèbres et dans la lumière va un jour mûrir. La Bible dit que nous apparaîtrons tous devant le trône du jugement de Christ. Que ce que nous avons fait sur terre soit bon ou mauvais, nous devons apparaître tous devant le trône de jugement. Tout homme sera alors jugé selon ses œuvres. Tout ce que l'homme sème, il le récoltera. Les problèmes auxquels nous sommes confrontés parfois sont les effets de ce que nous avons semé dans le passé. Il y a un temps pour semer et un temps pour moissonner. Aucun manguier ne peut produire de la banane douce.

La Bible dit, il y a un temps pour tuer et un temps pour guérir. Il y a un temps pour prier pour la guérison des gens et un temps où tous genres de criminels sont exécutés.

J'ai été choqué récemment quand je regardais une émission à la télévision. On montrait un pasteur qui avait pris son fusil et qui était allé à l'hôpital où l'avortement était pratiqué. Il a tué le médecin et les infirmières qui l'assistaient dans ce processus de l'avortement. Il disait qu'ils n'avaient pas le droit de détruire des vies innocentes et que Dieu l'avait envoyé pour les tuer. Le gouvernement disait aussi, "bien, comme vous avez tué de même, vous ne sortirez pas sans être puni". On l'a conduit sur le lieu d'exécution. J'ai été choqué quand le soi-disant pasteur a commencé à se consoler en disant que Jésus l'accueillera.

Il y a un temps pour danser et un temps pour pleurer. Quand quelqu'un danse au temps du malheur, il y a un sérieux problème.

La Bible dit aussi, qu'il y a un temps pour embrasser, et un temps pour s'éloigner des embrassements. Ceci concerne les relations. Il y a des gens que vous ne devez pas embrasser du tout. Il y a des gens qu'on doit embrasser, alors qu'il y a des hommes que les femmes ne devraient pas approcher. Il y a un temps pour chercher et un temps pour perdre. La vie est faite de gains et de pertes.

La conclusion de ce que nous avons lu dans Eccl. 3 : 1-8 est qu'il y a sept saisons auxquelles un homme doit faire face. J'aimerais savoir laquelle des saisons mon lecteur traverse. Mais le point important est le suivant : Vous avez besoin d'une personne qui soit capable de changer les temps et les saisons.

LES SAISONS DE L'AFFLICTION ET DE LA SOUFFRANCE

La première saison à laquelle un homme peut être confronté, est la saison de l'affliction et de la souffrance. La souffrance signifie la détresse, l'angoisse, l'épreuve et toutes formes de problèmes qui sont désagréables au corps, à l'esprit et à l'âme de l'homme. Les Saints qui nous ont devancés avaient à un moment de leur vie expérimenté leur temps de souffrance. Par conséquence, la souffrance est inévitable.

L'apôtre Paul comme tout autre saint qui désirait gagner le royaume de Dieu, avait souffert beaucoup de difficultés. Voulez-vous être un champion ? Si oui, vous devez traverser une saison d'affliction et de souffrance ''je ne souffrirai jamais'', est un faux slogan des Chrétiens des temps modernes. Les écritures saintes nous enseignent que nous devons prendre part à la souffrance de Christ. Tout prédicateur qui dit que la vie n'est faite que de bonheur est un menteur. Il y a un vent de la vie qui peut souffler contre vous comme ça été le cas pour Paul. Bien que vous puissiez expérimenter des averses de bénédictions, cela n'empêche pas les saisons d'affliction d'arriver.

Examinons cet aspect dans 2 Cor. 11 : 23-27 ;

> *Sont-ils ministres de Christ ? Je parle en homme qui extravague. Je le suis plus encore : par les travaux, bien plus ; par les coups bien plus ; par les emprisonnements bien plus. Souvent en danger de mort, cinq fois j'ai reçu des juifs quarante coups moins un, trois fois j'ai été battu de verges, une fois j'ai été lapidé, trois fois j'ai fait naufrage, j'ai passé un jour et une nuit dans l'abîme. Fréquemment en voyage, j'ai été en péril sur les fleuves, en péril de la part des brigands, en péril de la part de ceux de ma nation, en péril de la part des païens, en péril dans les villes, en péril dans les déserts, en péril sur la mer, en péril parmi les faux frères. J'ai été dans le travail et dans la peine, exposé à de nombreuses veilles, à la faim et à la soif, à des jeûnes multiples, au froid et à la nudité.*

En tant que Chrétien, si vous voulez que votre vie demeure sucrée, alors vous développerez sûrement le diabète spirituel. Des Chrétiens se regardent comme perdants'abandonnen t quand ils traversent l'affliction et la souffrance. Ce type de Chrétiens ne se rendent pas compte que l'affliction ne durera pas longtemps et que cela va bientôt passer.

Les Saints qui nous ont précédés comme Paul ont traversé leurs saisons d'affliction et de souffrance.

La saison d'affliction n'est pas le temps de se vexer et faire des histoires à tout le monde. Ce n'est pas le temps d'apporter votre problème là où il n'y a pas de solution. Si vous apporter votre problème à un loup pour le résoudre, une telle personne va l'aggraver.

La vérité enfin de compte est que tout homme mènera son propre combat. Quand les démons viennent vous troubler dans la nuit, ceux qui ont promis de mener vos combats peuvent être en train de dormir.

Il y avait un frère qui avait l'habitude de battre sa femme. Après quelques temps, la femme a découvert que l'homme n'était pas aussi fort qu'il le prétendait. La femme a découvert que si elle donnait un coup de point sur sa poitrine, l'homme tomberait très rapidement. Depuis le jour qu'elle a découvert ce secret concernant son mari, le pouvoir a changé de mains. Chaque fois qu'il y avait un conflit, la femme donnait un coup de point sur la poitrine de son mari, et c'était tout. L'homme tombait à plat sur le sol. Ensuite la femme s'asseyait alors sur son mari et commençait à le battre.

L'affaire est devenue très sérieuse. Quand le mari battait sa femme, aucun rapport n'était parvenu au pasteur, mais, dès que le pouvoir a changé de mains, et la femme a commencé à battre son mari, l'homme a décidé d'aller voir le pasteur. Comme il approchait la maison du pasteur, dans son élan de traduire sa femme, il découvrit que le pasteur et sa femme s'échangeaient des coups de point. L'homme était choqué de voir le pasteur et sa femme se battre. Il a alors décidé de retourner à la maison pour résoudre son propre problème.

Le pasteur vers lequel il voulait trouver secours, avait lui-même besoin d'aide sur le même problème. Il est retourné à la maison, il a demandé pardon à sa femme et le problème fut réglé. Les palabres avaient cessé. Ceci pour nous dire que nous ne devons pas dépendre de quelqu'un pour une aide. Que le Seigneur se charge de vos afflictions !

2Cor. 4 : 8-10 : *Nous sommes pressés de toute manière, mais non réduits à l'extrémité ; dans la détresse, mais non dans le désespoir ; persécutés, mais non abandonnés ; abattus, mais non perdus.*

Dieu connaît la souffrance que vous traversez. Il vous fera certainement sortir.

LES SAISONS DES MAUVAIS TRAITEMENTS ET D'INJUSTICE

La deuxième saison c'est une saison de maltraitance et d'injustice. Beaucoup pleure jour et nuit en disant ''cela est injuste. C'est de l'injustice. Dans quel livre de la Bible avez-vous lu que la vie était juste ? Toute la vie entière est injuste. Quelle justice se trouve-t-elle fait de prendre Jésus et de le clouer à la croix ? Bien que Jésus guérisse les malades, ressuscitait les morts, pourvoyait pour la multitude, consolait ceux qui étaient sans consolation, malgré tout, il fut pendu à la croix. Cela est-il juste ? Beaucoup souffrent la maltraitance à cause de leur foi.

Joseph était un homme sans reproches. Il a eu des problèmes parce qu'il a refusé d'offenser Dieu et l'homme. Il n'avait pas la réputation d'un mauvais caractère, malgré tout, les autres ont pris la décision, de porter atteinte à sa vie. De la même manière, Joseph n'a rien fait de mal à ses frères, mais malgré tout, ils voulaient tuer sa vision. Les mêmes frères l'ont vendu en esclavage. Ensuite il s'est retrouvé dans la maison de Potiphar et voici que la femme de Potiphar le convoitait et voulait coucher avec lui. La femme commence à le harceler. La femme mettait la pression sur Joseph jour après jour en disant, ''viens coucher avec moi'' mais Joseph refusa. Son ferme refus l'a conduit en prison.

L'Echanson qui devait se souvenir de Joseph, l'avait oublie des qu'il a commencé à être heureux dans le palais, Joseph demeura fidèle à son Dieu malgré l'injustice dont il a souffert dans les mains des petits et des grands à la fois. Il n'a pas capitulé.

Beaucoup traversent ce type de saison maintenant. Tirer des leçons de la vie de Joseph. Ne commencez pas à vous plaindre ou à grommeler. Ne devenez pas un chef syndicaliste opportuniste. Si vous êtes un employé dans une entreprise, ne vous insurgez pas contre l'autorité. Souvenez-vous que vous n'êtes pas le propriétaire de cette entreprise. Ne commencez pas par placer des affiches. Ne commencez pas un combat que vous ne pourriez pas continuer ni achever.

Rappelez-vous que vous avez été embauché et que la même autorité qui vous a embauché peut vous licencier. Il y a quelque chose dans la Bible appelé "Combattre pour la cause de l'innocent qui est maltraité ". Il n'y a pas besoin de prier, "Dieu viens combattre pour moi", Dieu a déjà vu l'injustice de la situation. La cause de l'innocent sera toujours défendue sans prière de notre part.

LES SAISONS DE DECEPTIONS

La saison numéro trois est celle de la déception dans la vie. En 1993, une femme et les membres de sa famille sont allés accueillir son mari qui venait des Etas-Unis. Ils avaient préparé de la nourriture et étaient tous prêts pour une grande réception. Quand la femme et les membres de sa famille sont arrivés à l'aéroport pour accueillir le mari, ils l'ont vu tenir par la main une étrange femme blanche, la serrant contre lui et s'embrassait. Dès que la femme a vu cette scène, elle s'est évanouie et a eu une crise cardiaque qui la paralysée à moitié.

Pourquoi ? La femme n'a pas compris qu'il y avait une saison dans la vie appelée la saison de la déception. C'est pourquoi la Bible dit, ''maudit soit l'homme qui met sa confiance en l'homme''.

Les déceptions peuvent venir de tout côté sur la terre. Les Chrétiens et les non-Chrétiens également vous décevront. Votre mari peut vous décevoir. Votre père et même votre mère peuvent vous décevoir. Vous pouvez être même déçu par votre pasteur. Les frères dans la foi peuvent vous décevoir aussi.

A l'époque, il y avait un cantique populaire au sein des membres de l'Union Biblique. Les paroles du cantique étaient ainsi :

''Jésus est fidèle, Jésus est fidèle. Les gens de ce monde peuvent t'abandonner, mais Jésus est fidèle. Tout le monde peut t'abandonner, mais Jésus est fidèle.''

Les déceptions sont supposées vous rapprocher de Dieu. La déception est l'arme ultime que Dieu utilise pour rapprocher beaucoup d'entre nous de Lui. Quand vous reposez tout votre espoir en un homme, quand la personne meurt, votre espoir est parti. C'est pourquoi, nous conseillons à nos célibataires de considérer d'abord le dessein de la vie avant de penser à un partenaire. Penser à pourquoi Dieu vous a envoyé sur la terre avant de commencer à penser à un partenaire.

La première prière devrait être "Dieu, pourquoi m'as-tu envoyé sur cette terre. ?" Après avoir réglé ou accompli le dessein, alors vous avez besoin d'être mûr matériellement. Vous ne pouvez pas dormir auprès du lit de votre oncle et penser au mariage, les frères et sœurs doivent être matériellement indépendants avant de penser au mariage. Les jeunes filles doivent avoir une carrière assurée, afin qu'elles puissent prendre soin d'elles-mêmes avec ou sans homme.

C'est lorsqu'une jeune fille n'est pas prête à être engagée de manière profitable qu'elle se met à dire "Je ne sais pas pourquoi une belle fille comme moi devrait avoir des problèmes." Une belle fille qui n'a pas une bonne carrière est un tonneau vide. L'homme à qui une telle jeune fille se mariera éventuellement la méprisera, en disant "disparais de ma vue !".

Nous devons savoir ce que nous faisons afin que lorsque les déceptions viennent, nous puissions crier à Dieu.

LES SAISONS DE LA HAINE ET DU REJET

Ne soyez pas surpris quand les gens vous haïssent sans raison. Souvent, les gens vous haïssent par envie. Et souvent vous pouvez être rejetés à cause de votre justice.

Au début des années 70 et 80, beaucoup de jeunes gens qui avaient été convertis, ont arrêté d'aller dans les églises de leurs parents, mais plutôt, ils fréquentaient les Eglises vivantes. Beaucoup de ces jeunes gens avaient été convertis d'un milieu Orthodoxe.

Je connais une sœur qui avait été jetée dans un puits asséché par ses parents le jour qu'elle arriva à la maison avec une Bible. Beaucoup ont même été rejetés de leurs milieux familiaux.

Souvenez-vous, Jésus a connu le rejet, mais Il n'a point déçu son Père. Les disciples qui suivaient Jésus pendant trois ans et demi étaient dispersés. Le seul qui était assez brave pour suivre Jésus, L'a suivi de loin. Pierre L'a renié et a même juré qu'il ne l'a jamais connu. Jean, Marc (le rédacteur du livre de Marc) a pris la fuite quand il a vu les soldats. Les soldats l'ont poursuivi et ont saisi ses vêtements. Il a enlevé ses vêtements et a pris la fuite tout nu.

Imaginez les disciples qui ont suivi Jésus pendant trois ans et demi, qui l'abandonnent une nuit. Quel degré de haine et de rejet à l'égard de Jésus ! Il n'y a pas de degré de haine ou de rejet duquel le Seigneur ne vous fera pas sortir. Pour aggraver la situation pour Jésus, son Père dans les cieux l'a aussi rejeté.

Moïse était lui aussi un incompris. Les gens ne comprenaient pas l'appel de Dieu sur sa vie. Ma prière est que si vous traversez des expériences similaires, l'Eternel vous en fera sortir, au nom de Jésus.

LES SAISONS DES TENTATIONS

La tentation est une attaque habituelle qui sera toujours sur votre chemin. Personne ne peut éviter la tentation tant qu'il vit sur terre. La tentation viendra mais nous ne devons pas y fléchir.

A l'époque, nous avions l'habitude de chanter une chanson classique à l'école. La chanson disait : "ne cédez pas à la tentation, car céder est un péché. Chaque victoire vous aidera. Il y a d'autres à vaincre. Combats comme un homme, toujours de l'avant. Dominez les passions ténébreuses. Fixer le regard toujours sur Jésus. Il vous mènera jusqu'au bout."

La tentation de commettre le péché d'incrédulité viendra toujours. Si elle vient, refusez-la. La tentation d'adorer les dieux de ce monde, pour le pouvoir et la richesse viendra toujours ; vous devez la rejeter. Il y a une tentation de tomber dans le piège de l'orgueil ; fuyez-la. La tentation de commettre le péché de l'immoralité viendra aussi ; ne cédez pas. Il y a une tentation ou une tendance d'aimer l'argent plus que Dieu ; elle doit être rejetée. Il y a la tentation de courir après les choses du monde qui est préjudiciable à votre foi ; vous devez-lui résister fermement. Il y a la tentation de renoncer à votre foi en face des dures épreuves ; vous devez rejeter de telles tentations aussi.

Il y a des années, une femme est venue me voir et a dit : "Homme de Dieu, prie pour moi" j'ai demandé quel était le sujet de prière ? Elle m'a dit, pries pour moi pour que je puisse trouver un riche Chrétien comme mon amant". J'ai dit : "madame, pouvez-vous répéter ce que vous venez de dire ?" Elle l'a répété. Je lui ai dit que ces deux mots, le Chrétien et amant ne vont pas ensemble.

Ils sont deux mots parallèlement opposés. J'ai ajouté "S'il est un amant, alors il n'est pas un Chrétien et s'il est un Chrétien, il ne peut pas être un amant." Je lui ai alors dit de manière sèche d'aller faire sa délivrance. Elle a dit "non, je ne peux pas y aller. J'ai prophétisé sur moi-même que je n'ai pas besoin de délivrance."

La femme est morte maintenant. Si elle m'avait écouté à ce moment là, elle ne serait pas morte. Il y aura la tentation de poursuivre la gloire du monde. Il y aura la tentation de vol, il y aura la tentation d'abandonner l'assemblée des croyants; mais, vous ne devez pas vous prosterner devant le diable.

LES SAISONS DE SECHERESSE
Un temps viendra ou vous aurez besoin de l'aide des autres et personne ne sera disponible. Vos amis et vos connaissances peuvent vous fuir pendant ces moments de crise.

Un temps viendra où il semblerait que le ciel vous a retiré aussi toute assistance pour vous mettre à l'épreuve. Jésus a été confronté à une telle situation. Dieu voudra mettre à l'épreuve votre sincérité ou faire de vous un exemple. Si vous traversez ce genre de saison sèche, le Seigneur vous délivrera, au nom de Jésus.

LES SAISONS DES INTERVENTIONS DIVINES

La saison de l'intervention divine est le temps où Dieu libère sa puissance surnaturelle pour délivrer les justes de leurs troubles. Dieu a libéré Paul et Sillas de la prison. Si beaucoup d'entre nous étions à leur place, ce que nous aurions fait c'est de faire un procès à Dieu. Nous aurions accusé Dieu et Lui demandé pourquoi Il nous a mis dans un tel problème.

Mais Paul et Sillas n'ont pas agi de la sorte. Au lieu d'accuser Dieu, ils se réjouissaient en l'Eternel et l'Eternel est intervenu dans leur situation. Ils avaient le type de foi que Schadrac, Meschac et Abed-Nego possédaient, Nebucadnetsar leur a ordonné de se ''prosterner'' mais ils ont dit : Nous n'avons pas à penser à notre réponse. Nous ne nous prosternerons pas. Voici, notre Dieu que nous servons peut nous délivrer de la fournaise ardente et même s'Il décide de ne pas nous délivrer, nous ne nous prosternerons pas. « C'est le type de foi qui apporte une intervention divine. »

Dieu a sauvé Job enfin de compte. Dieu a sauvé Daniel de la fosse aux lions. Dieu a délivré son peuple. Quand la saison d'intervention arrive, Dieu agit rapidement dans votre situation. Quand le temps arrive, les messagers du ciel apparaîtront soudainement. Quand la saison de l'intervention divine arrive, l'inattendu se produit en votre faveur. Quand la saison de la divine intervention arrive, les miracles vont se produire quand vous êtes sur le point d'abandonner. Quand la saison de la divine intervention arrive, le Seigneur se lève soudainement et disperse vos ennemis.

Je décrète que Dieu interviendra dans votre situation. La divine intervention arrive dans votre vie maintenant. Et toute bonne chose que l'ennemi a volé sera restaurée et vous vous lèverez et vous brillerez une fois encore, au nom de Jésus. Quelle que soit la saison que vous traversez maintenant, il y a un pouvoir divin pour vous soutenir.

Il y a un pouvoir pour vous faire sortir de la situation dans laquelle l'ennemi vous a mis. Il y a un pouvoir pour vous faire sortir de l'abîme des ténèbres. Il y a un pouvoir pour harceler les esclaves qui montent sur vos chevaux. Tout ce que vous devez faire c'est de donner votre vie à Dieu et de l'invoquer.

Votre tête est le symbole de votre destinée. Alors, mettez la main droite sur votre tête et soyez prêt à prier maintenant. La Bible dit : "Tu oins d'huile ma tête, et ma coupe déborde". La Bible dit également, "ma tête sera élevée au-dessus de mes ennemis qui m'environnent." Si quelqu'un joue avec vos cheveux ou votre tête dans le rêve, alors c'est un rêve terrible. De tels rêves signifient que l'ennemi veut voler votre gloire.

Il y a des agents du diable partout qui sont spécialisés à maudire la tête des gens. Ils savent que dès que la tête est maudite, la destinée est maudite. Avec la main droite toujours sur votre tête, prier ces points de prière avec force et énergie.

POINTS DE PRIERE

1- Que toute flèche de malédiction dirigée contre ma tête, retourne à l'envoyeur, au nom de Jésus.

2- Que tout pouvoir agissant contre le travail de mes mains meure, au nom de Jésus.

3- Que mes yeux spirituels soient ouverts par le feu, au nom de Jésus.

4- Que mon corps rejette tout poison cette année, au nom de Jésus.

5- Cette année, les mauvaises nouvelles ne seront point mon lot.
Mes oreilles entendront de bonnes nouvelles, au nom de Jésus.

6- Mes pieds, écoutez la parole de l'Eternel ; conduisez-moi à mes lieux de prospérité, au nom de Jésus.

7- Mes pieds, vous ne rétrogarderez point, au nom de Jésus.

8- Mes pieds, vous ne me conduirez pas dans le danger, au nom de Jésus.

9- Oh ! Dieu des surprises, lève-Toi, manifeste Ta puissance dans ma vie, au nom de Jésus.

CHAPITRE DEUX

LES AFFLICTIONS DU JUSTE

Priez ces points de prière comme vous vous préparerez à lire ce chapitre.

Que toute conspiration contre ma destinée dans les lieux célestes, soit dispersée par le feu, au nom de Jésus.

Que tout ennemi de ma percée complète, soit dispersé et que ce mois soit désastreux pour eux, au nom de Jésus.

Lisons le Psaume 34 : 20-21 Le malheur atteint souvent le juste, mais l'Eternel l'en délivre toujours. Il garde tous ses os : aucun d'eux n'est brisé.

LES CARACTERISTIQUES

Dans ce passage, nous voyons la première caractéristique de l'affliction du juste. La Bible dit : ''Leurs afflictions seront nombreuses''. Elle ne dit pas qu'elles seront peu, mais nombreuses. Cependant, cela nous a été révélé : mais l'Eternel l'en délivre toujours. Que la gloire soit rendue à Dieu pour cette grande assurance.

En plus, l'Eternel ne permettra pas à l'affliction qui brisera les os du croyant de s'abattre sur lui.

L'affliction a les caractéristiques suivantes :
- Ø Elle cause de la douleur
- Ø Elle détruit les destinées
- Ø Elle pousse les gens à errer sans but
- Ø Elle harcèle les gens
- Ø Elle abat les gens

- Ø Elle affaiblit les gens
- Ø Elle trouble les gens
- Ø Elle met de gros fardeaux sur les gens
- Ø Elle provoque la détresse
- Ø Elle cause l'oppression
- Ø Elle tourmente
- Ø Elle afflige.

L'affliction n'est pas agréable. L'affliction est si terrible que la Bible dit que la détresse ne paraîtra pas deux fois.

Jetons un deuxième coup d'œil sur le passage que nous avons lu préalablement.

Psaumes 34 : 20 : *"Le malheur atteint souvent le juste, mais l'Eternel l'en délivre toujours."*

La Bible nous dit que les afflictions du juste sont nombreuses. Pourquoi leurs afflictions doivent-elles être nombreuses ? Pourquoi le juste doit-il être affligé ? Pourquoi la Bible ne dit-elle pas que le malheur atteint souvent le méchant ? Pourquoi le juste doit-il avoir des afflictions ? Mis à part la multitude de leurs afflictions ; ceux-ci sont des mystères profonds dans le monde de la divinité.

Le fait que le juste puisse être affligé est illustré dans le passage ci-dessous.

Genèse 39 : 23. *Le chef de la prison ne prenait aucune connaissance de ce que Joseph avait en main, parce que l'Eternel était avec lui. Et l'Eternel donnait de la réussite à ce qu'il faisait.*

JOSEPH ET JEREMIE

Joseph était en prison et pourtant l'Eternel était avec lui. Si l'Eternel était avec lui pourquoi l'Eternel n'a pas empêché qu'il soit emprisonné ? Pourquoi l'Eternel n'a pas fait descendre le feu pour détruire Monsieur et madame Potiphar qui l'ont envoyé en prison ? Ce sont des mystères.

Tirons également une leçon de la vie de Jérémie.

Jérémie 1 : 19 – *Ils te feront la guerre, mais ils ne te vaincront pas ; car je suis avec toi pour te délivrer, dit l'Eternel.*

C'était les paroles d'introduction de la part de l'Eternel au commencement du ministère de Jérémie. Dès le début, l'Eternel l'avait informé qu'il était engagé dans un combat. Pourquoi disait-il qu'il le délivrera et manquer à empêcher le combat d'avoir lieu? Pourquoi n'a t'il pas empêché le combat d'avoir lieu ?

Joseph s'est trouvé dans une telle situation d'opposition. Dieu était avec lui mais les choses s'empiraient. C'était comme s'il n'y avait rien qui prouvait que Dieu était avec lui dans ses expériences quotidiennes.

LA PRESENCE ANGELIQUE.
Paul l'apôtre fait l'expérience des problèmes.

Actes 27 : 23-24 un ange de Dieu à qui j'appartiens et que je sers m'est apparu cette nuit, et m'a dit : Paul, ne crains point ; il faut que tu comparaisses devant César et voici, Dieu t'a donné tous ceux qui naviguent avec toi.

Paul avait été en mer, ils ont souffert d'un naufrage. Ils ont jetté leurs bagages en mer et tout le monde était troublé. Ils ne pouvaient pas manger, car il y avait des problèmes sérieux. Si un ange se tenait auprès de Paul, Pourquoi un tel ange n'avait pas empêché Paul d'être un prisonnier ?

Où était cet ange quand le bateau faisait naufrage ? Où était l'ange quand le bateau était secoué par le vent ? Le mystère de tout cela est que Dieu attend des moments comme ceux-ci pour Se glorifier dans nos vies et aussi pour démontrer à l'ennemi et au monde comment Il est fort et puissant.

Vous avez du pleurer en disant : « je ne sais pas ce qui m'arrive et apparemment, plus je prie et plus les choses s'empirent dans ma vie. Mais la Bible dit : « Le malheur atteint souvent le juste". Quand le Psalmiste a ajouté dans le Psaume 10 : 1, il semblait avoir oublié le fait que « le malheur atteint souvent le juste ».
Psaumes 10 : 1 Pourquoi, ô Eternel ! Te tiens-tu éloigné ? Pourquoi Te caches-Tu au temps de la détresse ?

Le juste connaîtra l'adversité, mais Dieu merci "l'Eternel l'en délivre toujours".

LA MEILLEURE OPTION

Peu importe que le problème soit coriace, une chose est sûre ; la fin du problème vous introduira dans une délivrance complète. Au lieu de courir ça et là, criez comme l'a fait le psalmiste. Au lieu d'aller chez l'ennemi pour demander du secours ou, d'aller d'un prophète et à l'autre, il est mieux de s'asseoir et de crier à Dieu. Au lieu de permettre aux hommes maléfiques de vous imposer les mains ou de consulter les sorciers qui se nomment prophètes et en conséquence avaler ce que vous aviez refusé il y a des années, vous ferez mieux de crier à Dieu comme l'a fait le psalmiste dans le **Psaume 71 : 12** O Dieu, ne T'éloigne pas de moi ! Mon Dieu, viens en hâte à mon secours.

Un tel cri forcera les cieux à s'ouvrir et à produire des résultats. Tout le Psaume 91 a été écrit pour le croyant et non pour les païens.

Ce passage nous dit que nous ne sommes jamais seuls dans nos problèmes. Il se peut que vos parents vous aient abandonné, que votre mari se soit enfui et les choses soient sens dessus dessous. Peu importe combien vous vous sentez délaissé. Dieu est toujours avec vous.

LA PRESENCE DIVINE

Peu importe que les gens se moquent, de votre chute, Dieu a décrété que ses enfants riront toujours les derniers. Il a dit : "Je serai avec lui dans le malheur et je l'en délivrerai." Cela veut dire que quand vous êtes dans le malheur, Dieu sera avec vous dans le malheur. Donc, Dieu ne vous laissera pas dans le malheur jusqu'à ce que vous en soyez libéré.

C'est le mystère de l'affliction du juste. Dieu regardait quand les trois Hébreux étaient jetés dans la fournaise ardente. Mais il était avec eux dans le malheur. Quand le juste est dans le malheur, Dieu aussi se trouve dans le malheur avec le juste. Quand Dieu se trouve dans le malheur avec le juste, alors « le malheur » se verra dans le malheur.

CELA PASSERA

Le combat ne dépend pas de votre taille ni de la taille immense et puissante de l'ennemi, mais le combat dépend de la très grande taille et de la puissante formidable de notre Dieu. La ville peut être fortifiée. Les murailles de Jéricho qui vous combattent peuvent être très élevées. Notre Dieu les fera écrouler. Plus la tête de Goliath est grosse, plus facile elle est facile à prendre pour cible. La Bible dit : « Si Dieu est avec nous, qui peut être contre nous ? ». C'est le mystère du combat du juste.

Si vous êtes un juste, menant une vie pieuse et cherchant le royaume de Dieu, alors vous êtes déjà victorieux, quelle que soit la présente situation. Le malheur du juste est une expérience temporaire. Cela passera.

Et Joseph dit à ses frères, « Je vais mourir ! Mais Dieu vous visitera, et il vou!m:s fera remonter de ce pays-ci dans le pays qu'il a juré de donner à Abraham, à Isaac et à Jacob. Joseph fit jurer les fils d'Israël en disant : Dieu vous visitera et vous ferez remonter mes os aussi loin d'ici » (Genèse 50 : 24-25).

C'était une prophétie qui avait été donnée par Joseph. La prophétie de Joseph n'a été accomplie que 430 années plut tard. Lorsque Moïse quittait l'Egypte dans Exode 13 : 19, il a suivi à la lettre les instructions de Joseph.

Exode 13 : 19 : Moïse prit avec lui les os de Joseph, car Joseph avait fait jurer les fils d'Israël, en disant : Dieu vous visitera, et vous fera remonter avec vous mes os loin d'ici.

Dans le Nouveau Testament, nous avons une image plus claire. Hébreux 11 : 22 : C'est par la foi que Joseph mourant fit mentionner la sortie des fils d'Israël, et qu'il donna des ordres au sujet de ses os.

LES OS PROPHETIQUES

Il y avait douze hommes, chacun des douze tribus d'Israël qui devaient à tour de rôle porter les cercueil de Joseph pendant leur voyage dans le désert. Sous un soleil brûlant dans le désert, ils portaient le cercueil. Comme ils arrivaient à la terre promise, ils portaient toujours le cercueil contenant les os de l'homme de Dieu - Joseph.

Les enfants d'Israël ont traversé des difficultés en portant les os de Joseph. Ce n'était pas du tout une tâche facile, mais, ce qu'ils n'avaient pas réalisé, c'est qu'ils portaient des os prophétiques. Les justes portent leurs os prophétiques tout comme Israël avait porté ses os prophétiques dans le désert.

Il y a un os prophétique dans votre rêve et votre vision qui vous dit que tout ira bien. Pharaon était aussi furieux qu'il le pouvait, il avait hurlé pour dire qu'il serait celui là-même qui déterminerait la destinée d'Israël. Il avait même insulté leur Dieu. Cela n'avait pas d'importance car il y avait un cercueil rempli d'os dans leurs mains qui prédisait la chute de Pharaon. Peu important ce qui se passe, le cercueil prophétique doit arriver à la terre promise. La servitude d'environ 450 années peut être coriace et obstinée, mais ces os-là doivent atteindre leur destination.

Quand Pharaon les poursuivait et ils avaient tellement peur, les os prophétiques auraient dû les informer, « vous êtes tous peureux, avec ces os dans vos mains, que tout pouvoir vous poursuive, vous atteindrez éventuellement la terre promise. » Ce cercueil d'os était comme leur certificat d'assurance. Que les rebelles prennent leurs cailloux et qu'ils les lapident à ce moment-là, les os de Joseph disaient, qu'ils rateraient leur cible. Que tous les plaignants prononcent toutes sortes d'échecs, qu'ils prononcent la mort et le découragement, mais il y a un cercueil qu'ils portaient, qui prononçait la vie et qui disait : "Que vienne ce qui doit arriver, vous devez atteindre la terre promise." Les os symbolisent un témoin prophétique, leur disant que Dieu les conduira à la terre promise.

LE TEMOIN PROPHETIQUE

Vos os de Joseph sont avec vous dans vos tourments et vous disent que d'une manière ou d'une autre, vous aurez une percée.

Jésus a dit à Pierre. "Simon, Simon, le diable voulait t'éprouver mais j'ai prié pour toi pour que ta foi ne faiblisse pas." Cela veut dire tant que la foi de Pierre ne faiblit pas, alors, il n'aura aucun problème. Criez ceci à haute voix et clairement. *Ma foi ne faiblira pas, au nom de Jésus.*

Aussi longtemps que la foi de Pierre ne faiblira pas, les choses se passeront bien. Toutefois que Pierre se trouvait dans un problème, il se souvenait de son os prophétique, dont Jésus a parlé disant; tout irait bien. Pierre s'est accroché à la parole de Jésus qu'il avait dite pour lui. Examinons notre vie en profondeur. L'Eternel a dû vous donner des os prophétiques d'une manière ou d'une autre. Les israélites n'auraient pas dû désespérer parce que les os qu'ils portaient étaient une assurance indiquant qu'ils atteindraient leur destinée, et ils y sont arrivés.

Le juste dans son affliction a 'in os prophétique qu'il porte et qui lui dit tout ira bien tant que sa foi ne chancelera pas. Si la foi faiblit, il y aura des problèmes.

CARACTERISTIQUES DE L'AFFLICTION

Examinons d'autres caractéristiques de l'affliction du juste.

2 Cor. 4 : 17-18a *Car nos légères afflictions du moment présent produisent pour nous, au-delà de toute mesure, un poids eternel de gloire.*

Ø Bien que les afflictions du juste semblent lourdes, la Bible dit qu'elles sont légères.

Elles ne sont pas seulement légères, elles sont de courte durée. Car la Bible dit : ''Le soir arrivent les pleurs et le matin l'allégresse.'' La nuit ne dure pas pour toujours. La nuit c'est seulement quelques heures de la journée. Elles sont non seulement légères et de courte durée, mais elles constituent aussi des voies de grâce.

Ø Les afflictions du juste sont des moyens de correction divine.

Le Psalmiste dit : avant que je ne fusse affligé, je m'étais égaré, maintenant je suis sur la bonne voie.

Ø L'affliction inspire la patience et la soumission
   Certaines conditions doivent être remplies pour que le
juste connaisse de sérieux problèmes.

Ø Si sa foi faiblit ; une fois que l'essence est fini dans la
   voiture, celle-ci s'arrête. C'est la première condition
   qui conduit le juste dans des problèmes.

Ø La deuxième condition est écrite dans le Psaume 11 :
   3 "Quand les fondements du juste sont renversés, le
   juste que ferait-il ?"

   Le juste peut se retrouver dans des sérieux problèmes
s'il y a des choses dans sa racine ou dans sa fondation qu'il
n'a pas traitée.

LES MODELES MALEFIQUES

Si en tant que pasteur, votre arrière grand-père était un
féticheur, votre grand-père était un sorcier et que votre propre
père était membre d'une loge, la fraternité des ôgbonis, votre
mère était une sorcière, vous traverserez des afflictions. Votre
fondation vous affectera. Bien sûr, vous aurez des problèmes
jusqu'à ce que vous traitiez votre fondation. Vos ancêtres
déposeront l'huile d'un sacrificateur maléfique sur votre tête et
vous ne saurez pas d'où vient cette huile. Vous commettrez de
sérieuses erreurs parce que vous n'avez pas traité votre
fondation. Il y a plusieurs familles où existent des modèles et
des conditions maléfiques.

Il y a des années de cela, une fille de l'université de Lagos est venue nous voir pleurant amèrement, et criant. "Homme de Dieu, je ne veux plus voler." Elle avait tout ce qu'il fallait acheter par ses parents, à Londres. Elle avait acheté des objets achetés dans des magasins très chers, et pourtant, elle volait des choses sans valeur appartenant à des pauvres étudiants. Nous l'avons fait asseoir et avons parlé avec elle. Il y avait eu une grande révélation.

Le père était une fois un voleur de grand chemin qui avait été exécuté. Son grand-frère était déjà en prison. Elle provenait d'une famille de voleurs. Si ce genre de fille naît de nouveau et vous lui confiez la caisse de l'Eglise, et elle n'a pas traité sa fondation, elle aura des problèmes. "Quand les fondements sont renversés, le juste que ferait-il ?."
J'ai rencontré des gens qui sont heureux quand ils voient le sang qui est versé. Quand le sang n'est pas répandu, ils ne sont pas contents. C'est le problème de la fondation.

Une jeune fille qui était une fois venue me voir pour des prières, a dit que chaque fois qu'elle voyait des mauvaises choses se produire, c'était le moment le plus heureux de sa vie. Quand les gens mouraient ou faisaient des accidents elle était très contente. Mais quand les choses allaient très bien, elle était alors triste.

Les gens veulent interpréter la parole de Dieu physiquement sans se référer à son aspect spirituel. Par exemple la Bible dit : ''Si quelqu'un est en Christ, il est une nouvelle créature, les choses anciennes sont passées ; voici, toutes choses sont devenues nouvelles (2 Cor. 5 : 17)''

Voyons cela sous une autre perspective. Si avant que vous ne soyez né de nouveau, vous deviez à votre propriétaire six mois de loyer. Que pensez-vous qu'il arrivera si après être devenu né de nouveau, vous approchez votre bailleur et lui dites : mon bailleur, comme je suis né de nouveau, je ne vous paierai pas mes dettes accumulées. » Il vous éjectera de sa maison.

Si avant d'être né de nouveau vous échouiez à un examen et après être devenu né de nouveau, vous allez voir l'examinateur pour lui dire de vous laisser réussir à l'examen sur la base de votre nouvelle naissance, qu'est ce qui se passera ?

La foi ne renie pas la réalité. La foi ne réfute pas l'existence d'une montagne. Mais la foi dira à la montagne ''sois ôtée de là'' Beaucoup de gens aujourd'hui devraient crier à Dieu d'une manière forte et claire afin que la montagne soit ôtée et jetée dans la mer.

FONDATION DES ALLIANCES MALEFIQUES

Beaucoup de gens ont la fondation des alliances maléfiques. Dieu a formé une alliance avec Abraham et a établi la circoncision des enfants mâles comme la marque de cette alliance. Dieu a dit, si les enfants d'Abraham n'étaient pas circoncis et Lui étaient présentés, ils seraient tués. Dieu a dit à Abraham que s'il obéissait à cet ordre de circoncision, c'est alors il serait béni au-dessus de toutes les nations de la terre. Dieu a réellement béni Abraham, car Il est un Dieu qui respecte Son alliance.

Quand Moïse est sorti d'Egypte, il a eu deux enfants ; après avoir entendu l'appel de Dieu sur sa vie, Moïse est retourné vers son peuple, les Israélites. Dieu voulait tuer son fils parce que son fils n'était pas circoncis. Moïse alors a dû utiliser une pierre pour circoncire son fils. Si non, l'enfant serait mort.

C'est la même chose. Si vos parents ont signé un pacte en votre nom et si ce pacte est enraciné dans votre fondation, les forces maléfiques vous combattront. Mais la Bible dit que vous serez délivrés de toutes ces alliances.

CELA PRENDRA FIN

Comme les Ecritures Saintes le disent, ''Depuis le jour de Jean Baptiste jusqu'à présent, le royaume des cieux est forcé, et ce sont les violents qui s'en emparent''. Les Ecritures Saintes ne disent pas que les violents s'en emparent par la négociation ou par le marchandage. Cela est en assuré seulement par la force.

L'affliction du juste a un point où tout s'achève. Elle a une date d'expiration. Tout dépend du juste. Il doit prier afin que Dieu se lève rapidement pour lui.

Voici sept points de prière que vous devez prier pour bénéficier au maximum, de ce message.

Souvenez-vous que votre ennemi ou vos parents n'ont pas le dernier mot. Les médecins n'ont pas le dernier mot. Il y a une loi qui opère au-dessus d'eux. C'est la loi spirituelle de Dieu.

Ces points de prières suivants sont des prières qui détruisent l'affliction. Mais ces prières doivent êtres priées agressivement.

POINTS DE PRIERES

1- Que ma gloire se lève du cimetière de la rétrogradation et qu'elle brille, au nom de Jésus.
2- Que la captivité collective de la maison de mon père meure, au nom de Jésus.
3- Que toute assemblée d'affliction réunie contre ma vie meure au nom de Jésus.

4- Que le sang de Jésus, provoque la confusion dans la banque de sang de la sorcellerie, au nom de Jésus.

5- Que toute marque de vente satanique sur ma lignée familiale meure, au nom de Jésus.

6- Toi pouvoir d'affliction de la nuit, ton heure est arrivée ! Meurs au nom de Jésus.

7- Que tout voleur spirituel dans ma fondation meure, au nom de Jésus.

CHAPITRE TROIS
LES LEÇONS TIRÉES DE L'ÉCOLE DE LA TRIBULATION

Les métaux deviennent purs en passant par un long processus de chauffage dans la fournaise de feu. Pour qu'un forgeron obtienne un métal pur, il le soumet à la chaleur dans le feu. Quand l'or passe dans le feu, il devient alors raffiné. Malgré que le feu soit chaud et inconfortable, il se raffine.

Psaume 119 : 67 : Avant d'avoir été humilié, je m'égarais. Maintenant j'observe ta parole.

Voici un homme qui a tiré une leçon de tribulations. Il s'égarait auparavant, mais quand il a traversé l'affliction cela l'a ramené à la raison.

L'enfant prodigue a aussi appris quelques leçons des l'école de l'affliction. Il y a beaucoup de gens dans la Bible qui ont tiré des leçons de l'école des tribulations. Prenons un exemple pour cette étude.

LES LEÇONS DE MOÏSE

Quand Moïse a fini avec l'école de la tribulation, il avait appris des leçons. Dieu savait que Moïse aurait dû avoir une docilité semblable à celle de l'agneau pour être capable de conduire le peuple obstiné à la terre promise. Il y avait là un merveilleux témoignage au sujet de Moïse. La Bible dit, qu'il était l'homme le plus docile qui ait vécu sur la terre. Si certaines personnes devaient avoir un quart de la puissance de Moise, personne ne pourrait plus leur dire un mot.

Moïse a aussi appris qu'il avait besoin d'avoir la détermination d'un lion. Malgré sa docilité, il était très déterminé. Il a aussi appris qu'il devait être aussi calme qu'un océan endormi. Les Israélites ont maudit, provoqué, murmuré contre lui. S'il n'avait pas appris à être calme, il n'aurait pas réussi.

Il a appris une leçon qu'il devait être aussi ferme qu'un rocher, qui sourit à la tempête. Si vous prenez une machette et vous êtes furieux contre la lagune, elle n'aura pas peur. Il a appris aussi de l'école de l'affliction que personne ne peut se faire grand en dehors de Dieu. Quand il a vu un Egyptien battre un Israélite, il a tué l'Egyptien. Après alors qu'il essayait de séparer deux Israélites qui se battaient, ils lui ont dit : ''fais attention, ne nous tue pas comme tu as tué l'Egyptien.''

Personne ne peut être grand en dehors de Dieu. Personne ne peut être ce que Dieu n'a pas fait de lui. Si vous essayez de devenir ce que Dieu n'a pas fait, vous deviendrez une nullité glorifiée. Moïse a appris comment Dieu peut transformer un va-nu-pieds en quelqu'un de grand. La Bible révèle que de tous les prophètes, personne n'a été comme Moïse qui parlait face à face avec Dieu.

MES LEÇONS
J'ai personnellement appris des leçons à l'école de la tribulation. Mon père était un policier très pauvre. Plusieurs

fois, on l'avait prévenu au commissariat d'arrêter de prêcher aux gens au comptoir, mais de les poursuivre en justice. Il a beaucoup souffert parce qu'il ne voulait pas prendre de pots de vins. Il a été alors transféré dans un commissariat où il ne pouvait même pas avoir des cadeaux donnés librement pour avoir fait un bon travail. Le jour où j'ai été admis à l'université a été le jour où j'ai appris à dépendre de Dieu. Les premiers frais de scolarité qu'il a payé pour moi étaient de cinquante Naira. Cet argent avait été emprunté. Mais j'ai appris ma leçon.

Dès que je suis entré à l'université, j'ai obtenu une bourse. La leçon que j'ai apprise était que Dieu est ma source. Quand j'étais à l'université, j'étais sérieusement engagé dans l'œuvre de Dieu. Presque tous les jours de la semaine j'étais occupé par une activité. A un certain moment, je me plaignais de trop de charges de travail. Alors, j'ai diminué le niveau de mon engagement dans l'œuvre du Seigneur et décidé de faire face à mes études.

Peut de temps après, j'ai eu un mal de ventre aigu. Les fidèles ont prié pour moi. Mais plus on priait pour moi, plus le mal s'aggravait. J'ai dit au fidèle d'arrêter de prier pour moi comme je connaissais la cause du mal. J'ai crié à Dieu pour sa miséricorde et je me suis corrigé. La leçon que j'ai apprise a partir de cela, était que je devais faire de Dieu ma priorité. Quand vous mettez Dieu en premier, c'est alors qu'il vous surprendra.

L'AGITATRICE

Il y a quelques temps de cela, je vivais dans une maison et il y avait une femme magistrate qui résidait 50 mètres plus loin. Un jour cette femme est venue m'accuser. "Il y a un certain Dr. Olukoya qui vit près de chez moi. A 3 heures du matin chaque nuit, il se lève et se met à hurler. Il commence à dire, voleur, prostitué, idiot et il hurle jusqu'à 6 heures du matin, et après, il va se coucher ». "Elle disait qu'il le faisait chaque jour. Les gens pensaient que c'était une blague mais elle ne prenait pas cela à la légère. Elle a alors déposé une plainte contre moi. Elle a envoyé une copie au commissaire de police, à l'officier de police du commissariat qui était proche. Elle a aussi déposé une copie de la plainte à mon lieu de service. Je me rappelle toujours de la dernière phrase de cette plainte « Les gens comme Dr. Olukoya, qui hurlent de 3 heures à 6 heures du matin ne sont pas supposés vivre dans un environnement idéal comme le nôtre".

Un jour quelqu'un lui a demandé si elle avait une fois rencontré l'homme qu'elle accusait constamment. Elle a dit : « Je ne veux pas rencontrer un gredin. » Un jour elle est venu avec son avocat et un policier pour me chercher. Quand elle m'a rencontré, elle ne pouvait pas croire que j'étais Olukoya parce que selon elle, mon apparence ne me dépeignait pas comme un gredin qui pouvait faire des bruits inutiles dans la nuit. Je lui ai dit que je n'avais jamais fait le genre de bruit qu'elle décrivait. Elle a dit alors qu'il y avait beaucoup de gens dans ma chambre qui faisaient ce bruit.

Je lui ai dit de me suivre dans ma chambre pour confirmer ses propos. Je n'étais pas marié. Donc, la femme, l'avocat et le policier m'ont suivi dans toutes les chambres de mon appartement. Nous avons fouillé sous le lit et dans tous les coins de la maison pour confirmer si vraiment ces assertions étaient correctes.

Elle m'a même suivi dans la chambre pour vérifier. Quand elle est entrée dans les toilettes pour fouiller, j'ai alors conclus que quelque chose n'allait pas avec cette femme. Elle a regardé partout et elle n'a pu trouver personne. Elle a fini par dire qu'ils sont tous partis au travail ». C'est alors qu'ils sont partis. J'ai commencé à prier sur ce qui avait causé cela. Cela m'a pris du temps pour comprendre ce qui se passait.

Lorsque j'ai été envoyé à Cuba quelque chose s'est passé. Deux jours après mon départ, elle est allée encore m'accuser à la police que je faisais du bruit. Alors les gens devant lesquels elle m'a accusé lui ont dit : « Madame, l'homme que tu accuses n'est pas dans le pays ». C'était de cette manière que Dieu m'a délivré de sa main. Cela m'a pris du temps pour comprendre que c'était la nature acide de la prière sur les agents sataniques dans les environs. Ils voulaient me chasser de la zone parce qu'ils étaient entravés.

Il y avait un homme qui avait cinq enfants. Une nuit, il a eu un songe. Dans ce songe un serpent est venu et a avalé l'un d'entre eux. Le lendemain, le père s'est retrouvé à l'hôpital avec l'enfant dans un état critique. La mère passait donc tout son temps à l'hôpital. Après quelques jours, l'homme a eu un songe encore, le serpent est venu et a avalé un autre enfant. Le serpent continuait à les avaler l'un après l'autre.

Les attaques faisaient que les enfants étaient constamment malades et leur mère était devenue une infirmière. En permanence à l'hôpital. Leur père est allé partout jusqu'à ce qu'il soit conduit chez un puissant féticheur. Le féticheur lui a donné certaines choses à brûler dans la maison. On lui a dit de laisser circuler la fumée des choses brûlées. La nuit même où il a brûlé ces choses et a laissé circuler la fumée, le serpent a réapparu. Le serpent est venu avec la tête du féticheur. Le seul enfant qui était sorti de l'hôpital a été réadmis. Leur père avait mare et a fini par abandonner les féticheurs et les autres pouvoirs. Il a alors couru vers Dieu qu'il avait abandonné ; c'est ainsi qu'il a commencé à jeûner et à prier. Il a utilisé Esaïe 41 : 11-12. Tous ses points de prière étaient basés sur ces versets Bibliques.

Esaïe 41 : 11-12 Voici, ils seront confondus, ils seront couverts de honte, tous ceux qui sont irrités contre toi ; ils seront réduits à rien, ils périront, ceux qui disputent contre toi tu les chercheras, et ne les trouveront plus, ceux qui te suscitaient querelle ; ils seront réduits à rien, réduits au néant.

L'homme s'est rappelé que chaque fois qu'il rêvait du serpent, il y avait toujours un bâton dans ses mains, mais il n'était pas sûr du rôle du bâton. Après trois jours de jeûne et de veillées de prière, il a vu ce qu'on peut appeler une vision nocturne. Il s'est vu dans une salle de classe et là il y avait un homme vêtu de vêtements blancs avec un sourire éclatant et l'homme a commencé à l'enseigner. Il lui a ordonné de prendre des notes des leçons enseignées. Il ne s'est pas rendu compte de la signification de cela. Alors, il a demandé à l'homme vêtu de blanc, « Monsieur, est ce que vous vous rendez-compte que tous mes enfants sont à l'hôpital, et vous souriez comme ça ? » L'homme a dit, « Regarde et écoute seulement »

"Ton ennemi utilise ta faiblesse a son avantage". Il l'a écrit. L'ange a continué. « Tu dois découvrir la faiblesse de ton ennemi et attaquer l'ennemi par cette faiblesse »

L'homme n'arrivait pas à comprendre. Car de telles leçons paraissaient très étranges pour lui. Il a toujours pensé que les esprits n'ont pas de faiblesse et que tous les ennemis de l'homme sont parfaits dans tous les domaines.

Il a demandé à l'enseignant d'expliquer. Le professeur à alors commencé à énumérer du diable. Il disait : "La première forteresse que le diable utilise contre beaucoup de gens c'est l'ignorance''.

C'est le manque de connaissance. Des gens se précipitent à une certaine montagne pour prier. Ils sont ignorants du fait que Dieu n'est pas géographiquement localisé. Certains s'asseyent à la plage fixant la mer avec une Bible ouverte dans leurs mains. Ils fixent seulement la Bible sans la lire. Pourquoi ? L'ignorance. D'autres courent chez les prophètes et les prophètes utilisent les œufs frais pour les laver. Pourquoi ? L'ignorance.

La deuxième leçon, c 'est que

« Le diable est omnipotent »

Il n'est pas présent partout. En fait, il doit se déplacer d'un lieu à l'autre. L'homme l'a aussi noté.

La troisième leçon est que

« Le diable ne sait pas tout ».

Par exemple, s'il savait qu'à travers la mort Jésus l'aurait vaincu, il ne lui aurait pas permis d'aller à la croix. La crucifixion de Jésus sur la croix était sa ruine.

« Le diable n'est pas omnipotent »

Il n'a pas tous les pouvoirs. Seul Dieu a tous les pouvoirs.

L'ange a dit à l'homme que

« Le diable mène un combat perdu d'avance ». Il a perdu ce combat à la croix du Calvaire.

Ce en quoi il s'engage maintenant, c'est un genre de guérilla. Il savait pleinement que sa défaite était une affaire close et il sait que les croyants peuvent mettre cette défaite en vigueur par la puissance du Saint-Esprit.

L'ange lui a aussi dit que

« Le diable ne peut pas prier, mais l'homme peut prier »

C'est un avantage en plus sur le diable. Vous pouvez invoquer Dieu, mais le diable n'a personne à invoquer.

L'ange a ajouté aussi que

« Le diable hait la lumière et aime les ténèbres »

Alors, tirez-le à la lumière et il s'enfuira, mais tant que l'on est dans les ténèbres, alors ce dernier devient son délice. Quand quelqu'un broie tout un être humain et l'utilise pour en faire des rouges à lèvres pour les gens, le diable sera toujours heureux d'amener les gens à utiliser de tels rouges à lèvres par ignorance. Il veut maintenir les gens dans les ténèbres à son propre avantage.

Il lui a dit que
« Le diable hait la vérité. »

Alors, l'ange lui a donné ce conseil. « Tu dois dire la vérité, tiens-toi sur la vérité et il s'enfuira. Les petits mensonges que tu dis donnent une opportunité au diable d'agir contre toi »

L'ange a dit à l'homme que

« Le diable hait les louanges »

Alors, nous devons toujours offrir des louanges à Dieu. Chantez toujours des louanges que ce soit à la maison ou ailleurs. Chaque fois que le diable n'entend pas votre voix de louange, il vient alors pour voir ce que vous faites. Quand une vie est dépourvue de louanges, le diable invite alors toutes sortes de maladies et d'infirmités pour avoir accès dans cette vie qui est vide de louanges.

« Le diable hait la joie divine »

La Bible dit « réjouissez-vous toujours dans le Seigneur et encore je dis réjouissez-vous » Les écritures disent « La joie du Seigneur est votre force »

L'ange lui a aussi dit que

« Le diable ne peut pas contenir un bombardement régulier de la parole de Dieu prononcée dans la foi »

C'est pourquoi si vous avez toujours la capacité de parler, alors vous avez toujours une bonne défense. Même en face d'une défaite visible, le diable ne peut pas contenir le bombardement de la parole de Dieu prononcée dans la foi.

Je me souviens d'une confession faite par un pasteur. Il y avait un membre de sa congrégation qui était très riche. Cet homme vendait du sel et rien que du sel et l'homme était très riche. Un jour il a tellement plu que l'eau a emporté le magasin de ce membre.

Quand le pasteur a appris que tout ce que l'homme possédait avait été détruit, le pasteur ne savait pas comment le consoler. Il pensait délibérément comment procéder. Mais à son grand étonnement, le pasteur a rencontré l'homme qui sautait, dansait, et chantait à la gloire de Dieu. Alors, le pasteur l'a salué et dit "Monsieur n'as-tu pas appris ce qui est arrivé à ton magasin où tu avais gardé du sel pour la vente ? Il a répondu oui, "Dieu a permis au diable de détruire ce magasin parce que Dieu veut en construire un plus grand". Le pasteur était choqué par sa réponse.

L'homme qui avait fait la rencontre avec l'ange, s'est entendu dire que son ennemi peut être semblable à un serpent qui peut mordre, cracher, étrangler et avaler. Lorsque l'ennemi mord, il injecte du poison dans le corps humain. Il aveugle et mutile aussi. Quand il étrangle, il brise les os en morceaux. Quand vous devenez le feu, c'est alors vous pouvez-vous protéger des attaques de l'ennemi.

Psaume 104 : 4. Il fait des vents ses messagers, des flammes de feu ses serviteurs.

S'il injecte son poison dans le corps, le feu le consumera. S'il crache, le feu le détruira. Si le serpent essaie d'étrangler, alors vous devenez trop chaud pour que le serpent vous étrangle. Si le serpent avale le feu, il vomira le feu.

L'enseignant a continué :

« L'entrée principale de l'ennemi est la tromperie et la tentation. »

Il trompe les gens pour les confondre. Il tente les hommes avec le mal, quand ils chutent de la voie de Dieu. Il leur tend ensuite un piège pour les capturer avec son filet. Il les accuse aussi de toutes les petites mauvaises choses qu'ils font.

L'ange a enseigné aussi au frère que:

« Satan a ordonné à ses fidèles de détruire les Chrétiens par l'argent, le pouvoir et le sexe. »

Incidemment, ces trois éléments ont causé beaucoup de dégâts à de nombreux Chrétiens. Quand quelqu'un est avide d'argent, de pouvoir et sexuellement pervers, il ou elle devient une proie facile pour l'ennemi. Ceux-ci sont des agents de destruction.

L'ange lui a aussi dit que

« les pouvoirs sataniques qui ont opéré dans la vie des victimes pendant longtemps n'en sortent pas non plus facilement sans un combat farouche. »
L'ennemi répondra seulement à la violence. Imaginez un démon qui a vécu dans la vie d'une victime pendant 52 ans, et la victime veut que le démon s'en aille, le démon s'opposera à l'expulsion parce qu'il ne voudra pas abandonner sa demeure.

Puis l'ange a commencé à poser des questions à l'homme. Il a dit :
« Connais-tu la signification de Bélial ? » Et l'ange a dit :
« Bélial est l'esprit de la guerre et de la mort »

L'ange lui a demandé encore : « connais-tu la signification de Bélzébul ? » L'ange a continué : Bélzébul signifie le Seigneur des mouches. C'est l'esprit derrière toute chose qui vole comme les sorciers. »

L'ange lui a demandé encore : « Connais-tu la signification de Jézabel ? » L'ange a déclaré que c'est l'esprit de la mondanité et l'esprit derrière le mari et la femme de nuit.

L'ange lui a demandé plus loin : « Connais-tu la signification de la reine du ciel ? » L'ange lui a expliqué : « Dans le deuxième ciel où le diable opère, il y a une reine appelée là-bas reine du ciel. »

L'homme alors a demandé : « Est-ce que la reine du ciel est mentionnée dans la Bible ? »

L'ange répondit à l'affirmative. Dans le livre de Jérémie 44 : 17, la Bible dit : « *mais nous voulons agir comme la déclaré notre bouche, offrir de l'encens à la reine du ciel, et lui faire des libations, comme nous l'avons fait, nous et nos pères, nos rois et nos chefs, dans les villes de Juda et dans les rues de Jérusalem. Alors nous avions du pain pour nous rassasier, nous étions heureux, et nous n'éprouvions point de malheur.* »

La reine du ciel est l'esprit derrière ceux qui font cuire des beignets et qui les déposent au cimetière ou aux carrefours.

L'ange a dit à l'homme que : « l'ennemi opère avec une tête brisée. »

L'homme ne comprenait pas ceci. L'ange lui a alors cité les passages bibliques. **Genèse 3 : 15** « *Je mettrai inimitié entre toi et la femme, entre ta postérité et sa postérité, celle-ci t'écrasera la tête et tu lui blesseras le talon.* » L'homme a alors compris que la tête de Satan est déjà brisée ou écrasée.

L'ange lui a donné des instructions :

« Lie l'homme fort et c'est alors que tu peux piller sa maison. N'essaie jamais de piller la maison d'un homme fort sans l'avoir au préalable lié. N'essaie pas de récupérer tes biens volés sans avoir auparavant lié l'homme fort. »

L'ange a aussi expliqué la signification d'un homme-fort. Il a dit : Partout où va Satan, il positionne quelqu'un comme un représentant démoniaque qui agira pour son compte. Le commandant de cette opération est appelé un homme-fort. L'homme fort est une autorité sur un système d'esprits ou une unité d'esprits. C'est comme être un commandant d'une unité de soldats alors que le diable est le commandant en chef.

Un homme fort peut être assigné sur des individus, des familles, des affaires, des rues, des églises ou sur une nation. Tant qu'un homme fort contrôlant une situation est lié, vous pouvez piller sa maison. C'est alors que les captifs peuvent être libérés. C'est à ce moment que son contrôle peut être brisé et son autorité annulée. »

L'ange lui a dit qu'avec les secrets qui lui ont été révélés, il peut vaincre l'ennemi.

Quand l'homme s'est réveillé, il était stupéfait. Deux choses l'ont marqué. « L'ennemi opère avec une tête brisée et ensuite, lie l'homme fort avant de piller sa maison. »

Il a alors compris ce qu'il fallait faire.. Quand le serpent a réapparu, le diable a commis une erreur fatale cette fois-là. C'est pourquoi nous prions dans cette Eglise, « Que mon ennemi fasse des erreurs qui provoqueront mes percées ». Les esprits maléfiques peuvent faire des erreurs. Ils avaient commis une grande erreur au sujet de Jésus. Paul a déclaré, « s'ils le savaient, ils n'auraient pas crucifié le Roi de gloire ».

Comme le serpent faisait son apparition, le frère était prêt pour le combat. Le frère a alors crié d'une voix forte en disant, « Je te réprimande et je te lie, au nom de Jésus Christ. » A l'instant même, le serpent s'étirait comme s'il avait été électrocuté. L'homme a crié, « Libère mes enfants, au nom de Jésus ! » Le serpent a commencé à les vomir l'un après l'autre.

Le frère s'est rappelé cette chose que l'ange lui a dit, que l'ennemi opère avec une tête brisée. Avec le bâton que l'homme avait l'habitude de voir dans ses mains, il a frappé la tête du serpent et à son grand étonnement, la tête s'est transformée en deux têtes. L'une des têtes était la tête de son ancienne copine qu'il voulait épouser bien avant, mais cela n'avait pas marché. La deuxième tête était celle du féticheur qu'il avait consulté.

Le lendemain matin, tous ses enfants ont recouvré leur santé et demandaient à manger. Deux semaines après, la nouvelle lui est parvenue que le féticheur est mort et que son ancienne copine est devenue folle. C'est alors qu'il lui est venu à l'idée que son ancienne copine consultait le même féticheur qu'il était allé voir. Le frère avait commis une erreur en allant là où son ennemi allait; par conséquent son problème s'est empiré. Mais par la grâce de Dieu, il a été délivré du problème.

Biens aimés, la victoire était pour cet homme quand il a appris certaines choses. C'était ainsi qu'il avait brisé la colonne vertébrales de l'ennemi. Si après une période de bombardement spirituel votre problème persiste, cela veut dire qu'il y a certaines choses à briser. Peu importe, la force de l'ennemi, il a ses points faibles, que vous devez exploiter au détriment de votre oppresseur.

Un ministre de Dieu priait pour quelqu'un et trois démons sont sortis et ont donné une gifle à l'homme pour qui on priait. Cet homme est tombé à terre et avant que le ministre de Dieu ne dise Jésus Christ est Seigneur, l'homme ne respirait plus. Le ministre de Dieu était fâché. Il a dit alors d'accord, vous les trois démons, restez sur place maintenant.

Les demons ne pouvaient pas partir. Les demons etaient saisis de peur. Le mmistre de Dieu a prononce alors une parole d'autonte et dit : « J'ordonne, a la terre de s'ouvnr et je t'ordonne toi en premier d'y entrer » Le premier demon ne voulait pas entrer et les deux autres demons ont pousse le premier devant et l'ont pousse a entrer. Il est entre et la terre s'est refermee. Et cela a continue ainsi jusqu'a ce que tous les demons ont etc avales. Le ministre de Dieu a prie pour que Phomme revienne a lui-meme et l'homme a ete ramene a la vie.

LA FORTERESSE DE L'ENNEMI

La deuxieme forteresse de l'ennemi est votre faiblesse. Il est grand temps que nous refusions que notre ennemi utilise nos faiblesses centre nous, parfois, le diable utilise querelle entre le mari et la femme comme une arrne. Quand ils se battent, le diable se rejouit. Quelquefois, laisser entrer l'esprit de decouragement est une faiblesse qui peut envelopper l'ame quand la victoire est sur le point d'etre gagnee, et la personne devient deprimer. C'est une faiblesse.

Parfois, votre faiblesse pourrait etre un acte de ceder a l'angoisse et a la tristesse. Et quand vous etes deprime, l'ennemi aura toute la liberte d'executer toutes ses mauvaises operations. Des fois, votre faiblesse peut etre l'envie. Vous pourriez envier les autres qui ont obtenu ce que vous n'avez pas. L'ennemi peut l'utiliser contre vous. Des fois, votre faiblesse pourrait être géographiquement située.

Souvenez-vous que les premiers gens qui pensaient que Dieu était géographiquement localisé, avaient été attaqués par l'Eternel. Ils ont combattu le peuple de Dieu et disaient, c'est parce que leur Dieu est le Dieu de la montagne, c'est pourquoi ils furent vaincus''. Ils se sont dit, alors, levons-nous et combattons-les dans la vallée, et nous les vaincrons. Dieu dit ces gens sont ignorants, ne sachant pas que je suis à la fois un Dieu de la montagne et de la vallée.

Il y a certaines personnes dans l'église qui viennent pour les réunions de prières, les études Bibliques, mais le dimanche, elles vont dans les églises où les membres sont vêtus de blanc. C'est une faiblesse sérieuse et l'ennemi l'utilisera contre eux. Votre faiblesse peut venir du fait d'utiliser votre bouche pour fortifier l'ennemi en confessant la défaite. Chaque fois que vous confessez la défaite, vous donnez une opportunité au diable contre vous.

Les autres domaines de faiblesse

Votre faiblesse peut venir du fait de céder à la provocation. Quand vos miracles sont tout près, vous pouvez vous mettre soudainement en colère. Quand vous ôtez votre faiblesse, alors vous détruirez la vertébrale de l'ennemi.

Samson avait une faiblesse. Cette seule faiblesse suffisait pour le détruire. Quelle était cette faiblesse ? L'amour pour la femme étrangère. Il n'avait rien fait concernant cette faiblesse jusqu'à ce qu'elle le détruise.

Il y a beaucoup de gens qui commettent la fornication, la masturbation, le lesbianisme et l'homosexualité et qui se promènent dans les Eglises de Dieu. Ils ne veulent pas quitter leurs péchés mignons et ils veulent paralyser l'homme fort. Non, ce n'est pas possible. L'homme fort utilisera leur faiblesse contre eux. Si Samson avait dominé sa faiblesse, la colonne vertébrale de l'ennemi aurait été brisée.

J'avais un ami qui était un prêtre dans l'une des églises orthodoxes. Malgré qu'il était un prêtre, il avait environ six copines dans l'Eglise, mais Dieu l'aimait. Chaque fois qu'il donnait la sainte cène, quelque chose lui disait "tu vas en enfer". Cet homme s'aimait, il s'est rapidement retiré et est devenu membre d'une autre église.

La faiblesse de Balam était l'argent. S'il avait fait quelque chose à ce sujet, l'ennemi ne l'aurait peut-être pas tué.

Dathan, Abiram et Koré avaient une faiblesse. Leur faiblesse était l'orgueil spirituel. Beaucoup de frères et de sœurs croient qu'ils savent tout ; vous les entendez dire, « Dieu m'a dit et c'est ça » Mais ce qu'ils ont dit que Dieu leur avait dit peut ne pas être vrai. Vous les entendez dire, « En effet, j'ai cherché la face de Dieu et je suis sûr » Le fait que vous soyez sûr ne veut pas dire que vous ne devez pas écouter vos responsables spirituels.

Des gens disent, « J'ai jeûné, j'ai prié, donc je suis convaincu » La faiblesse de Koré, Dathan et Abiram était l'orgueil spirituel. Ils ont dit à Moïse, « Est-ce que c'est à toi seul que Dieu parle ? Pourquoi t'imposes au peuple ? » Ils ont préparé un coup contre l'homme de Dieu et que s'est-il passé ? Ils ont été les premiers hommes qualifiés pour aller en enfer sans mourir. S'ils avaient fait quelque chose à ce sujet, Dieu les aurait aidés.

La faiblesse de beaucoup de Chrétiens est la tiédeur. Quand vous êtes tiède, tout peut se passer. Les esprits maléfiques opprimeront un homme qui s'attarde sur son appétit.

Un homme est descendu d'une montagne de prière et a demandé à sa femme de lui préparer de la bouillie mais sa femme a refusé de le faire. Après le retour de l'homme qui venait d'achever un programme de jeûne de sept jours fermes, La femme a poursuivi ainsi : « Je veux aller tresser mes cheveux » Et ma bouillie ? Et la femme a dit, « n'as-tu pas demandé à l'ange d'en préparer pour toi ? » Et l'homme lui a flanqué une gifle retentissante. La femme est tombée par terre, morte. Et l'homme a rompu son jeûne au commissariat de Police. Si cet homme avait dominé sa colère avant d'aller crier à Dieu sur la montagne, Dieu aurait tout réglé dans son salon avant qu'il n'aille sur la montagne.

La faiblesse de certaines personnes c'est leur langue acérée. Il n'y a pas de contrôle. 300 mots sont prononcés par minute et 299 de ces mots sont sataniques. L'ennemi va faire à ce qu'ils parlent tout le temps.

Quelle est la faiblesse que l'ennemi utilise contre vous ? Le problème de certaines personnes c'est la convoitise démesurée pour l'argent. Des jeunes filles universitaires se jettent dans la débauche à cause de l'affection démesurée. Beaucoup d'entre elles souffrent présentement. Beaucoup de ces filles universitaires courent à l'Eglise pour la délivrance après s'être mises dans les problèmes cela aurait été mieux pour elles si elles avaient évités l'immoralité.   •

Un homme est allé à une fête, il y a rencontré une fille et a commis l'immoralité avec elle. La fille lui a donné son adresse, lui demandant de lui rendre visite à 23 heures. Quand l'homme est arrivé chez elle, à son grand étonnement, les gens là bas lui ont dit que la personne qu'il recherchait est morte il y a deux ans. Alors, les gens lui ont conseillé d'aller prendre soin de lui-même, quand ils ont su que l'homme avait commis l'immoralité avec l'esprit de la mort.

COMBATTRE VOTRE FAIBLESSE
La faiblesse de certaines personnes c'est la mauvaise gestion de leurs secrets. Le Seigneur Jésus nous a

demandé d'être discrets concernant certaines prières, parce qu'il savait qu'il y a certaines prières secrètes que nous devons faire. Quand vous êtes entouré de jalousie, d'envie, la discrétion est la réponse. La Bible dit vous devez aimer vos ennemis, vous devez prier pour eux et vous devez leur prêcher la parole de Dieu. Mais vous ne devez pas leur dire vos secrets. Beaucoup de gens ont donné leurs secrets à l'ennemi. Repérez votre faiblesse parce que le siège de l'homme fort est votre faiblesse encore.

Détruisez votre faiblesse, alors l'homme fort n'aura plus jamais de siège. Ce sont des leçons tirées de l'école de tribulations. Faites usage des leçons que vous avez apprises et vous expérimentez une victoire retentissante.

POINT DE PRIERES

1.   Oh Seigneur ! Localise et révèle-moi toute faiblesse en moi qui fortifie l'ennemi, au nom de Jésus.

2.   Tout siège de l'homme fort dans ma vie, sois détruit au nom de Jésus.

3.   Je lie tout homme fort assigné à toute situation dans ma vie, au nom de Jésus.

4.   Que chacun commence à glorifier l'Eternel à cause de moi, au nom de Jésus.

D'autres Publications du Dr D. K. OLUKOYA.

Tous Disponibles à :

1. 13, Olasimbo St. Onike - Yaba, Lagos - Nigeria. P.O. Box 2990, Sabo - Lagos. TEL. 0023468023436873, 00234-8057846779
    E-mail: rosecentral@yahoo.com

    Website: www.mfmfrancophone.com

2. MFM International Bookshop, 13, Olasimbo Street, Onike, Yaba, Lagos.

3   Toutes les Branches MFM du monde et les Librairies Chrétiennes.